Simone Bahmann

ZU HAUSE
ist's am schönsten

arsEdition

WURZELN

Jeder Baum hat eine Wurzel. Sie bietet ihm Halt, wenn der Wind durch seine Blätter und Äste pfeift. Sie versorgt ihn mit Wasser und Nährstoffen, damit er wachsen und gedeihen kann. Auch du hast solche Wurzeln. Es sind die Orte, die Menschen und die Erinnerungen an deine Kindheit. Wir Menschen hängen an diesen Wurzeln, denn ganz gleich, wohin wir gehen, unsere Wurzeln spenden uns ein Leben lang Sicherheit und Kraft.

Nicht wo du die Bäume kennst,
wo die Bäume dich kennen,
ist deine Heimat.

Sibirisches Sprichwort

FAMILIE

Heimat ist dort, wo du geliebt wirst, wo diejenigen Menschen leben, denen du schon immer dein ganzes Vertrauen schenken konntest. Die Familie ist die schönste Heimat, die wir haben. Hier wird alles geteilt, hier wird zusammen gelacht, geweint und gemeinsam übersteht man sämtliche Höhen und Tiefen des Lebens. Es ist gut zu wissen, dass es diesen sicheren Hafen gibt, den du bei jedem Wetter ansteuern kannst.

Heimat ist da, wo man sich nicht erklären muss.

Johann Gottfried Herder

Freundschaft heißt vergessen, was man gab,
und in Erinnerung behalten, was man empfing.

Alexandre Dumas

FREUNDSCHAFT

Auf den vielen Stationen des Lebens begegnen wir immer wieder neuen, netten Menschen. Manche bleiben, andere kommen und gehen. Doch diejenigen, die wir schon seit einer Ewigkeit kennen, mit denen wir bereits im Sandkasten saßen und das Schulbrot geteilt haben – diese Freunde gehen nie verloren. Keine Entfernung kann groß genug, keine Zeit lang genug sein, um die Erinnerung an die Freunde der Kindheit zu trüben.

GESELLIGKEIT

In fröhlicher Runde zu sitzen, zu lachen, zu feiern und miteinander anzustoßen, das braucht ein jeder mitunter, um den Alltag mit all seinen kleinen und großen Misslichkeiten hinter sich zu lassen. Es ist einfach urgemütlich, wenn man sich von allen Zwängen befreien kann, so sein darf, wie man ist, und jeden lustigen Augenblick vollkommen genießt. Denn auch Geselligkeit ist ein Stück Heimat.

Wie manches anders kommt,
als man's gedacht.
Allein, was tut's?
Wir wollen darum nicht minder fröhlich sein!

Franz Grillparzer

Wo finden wir das eine, das uns Ruhe
gibt, Ruhe? Wo tönt sie uns einmal
wieder, die Melodie unseres Herzens in
den seligen Tagen der Kindheit?

Friedrich Hölderlin

GEBORGENHEIT

Wenn ein Kind Schutz sucht, so führt sein erster Weg zum Schoß der Mutter. Nichts ist ihm so vertraut, nirgendwo fühlt es sich so geborgen wie hier. Auch wir Erwachsenen suchen Geborgenheit immer nur dort, wo wir wissen, was uns erwartet, wo wir sicher sind, Ruhe und Wärme vorzufinden. Und an welchem Ort fühlst du dich mehr geborgen als an dem, der für dich Heimat bedeutet?

LIEBE

Die Liebe ist ein Gefühl, das einen Menschen stark an etwas bindet. Jeder Mensch liebt. Wir lieben unsere Partner, unsere Kinder, unsere Eltern. Und wir alle lieben besondere Orte. Auch du kennst sie bestimmt. Das sind Orte, an die du wertvolle Erinnerungen knüpfst. Orte, die dein Leben geprägt haben. Orte, an denen du dich wohlfühlst. Es sind Orte, die für dich ein Stück Heimat geworden sind.

Jeder Mensch hat eine Heimat und soll das Fleckchen Erde, wo er geboren ist, in Lieb' und Ehren halten.

Julius Wolff

Den Puls des eigenen Herzens fühlen.
Ruhe im Innern, Ruhe im Äußern.
Wieder Atem holen lernen, das ist es.

Christian Morgenstern

RUHE

Leben entwickelt sich meist im Verborgenen und inmitten vollkommener Ruhe. Das Küken in seinem Ei, die Knospe unter der Erde und auch das Baby im Bauch der Mutter – sie alle wachsen in einer Umgebung angenehmer Stille heran. Manchmal sehnen auch wir uns zurück nach dieser ursprünglichen Ruhe und denken an die Zeit, als unser Leben begann. Es sind schöne Gedanken, voller Unschuld und Wärme. Gedanken, die uns einen Teil dieser Ruhe zurückbringen und uns neue Kraft spenden.

ZUFLUCHTSORT

Die Heimat ist ein Ruhepol, sie ist eine Insel in tosender See, sie ist der Platz, an dem man immer Zuflucht suchen kann, ganz gleich, woher man kommt und wie lange man fort war. Jedes Schiff braucht einen Heimathafen, hier darf es ankern, solange es will. Und geht es dann wieder hinaus aufs Meer, dann wird auch der größte Orkan dich nicht aus dem Ruder bringen, solange du weißt: Ich kann jederzeit zurück.

Für ein Schiff ohne Hafen ist kein Wind der richtige.

Seneca

Die Erinnerung ist der
sicherste Grund der Liebe.

Novalis

ERINNERUNGEN

Die zahlreichsten und buntesten Erinnerungen hat ein jeder Mensch an seine Kindheit. Nichts bleibt uns so sehr im Gedächtnis wie die Streiche, die man den Nachbarn spielte, die gefährlichen Mutproben, die man bewältigen musste, oder die Gruselgeschichten, die man sich beim Zelten erzählte. Keine Erinnerungen sind so wertvoll wie diese, denn alles, was du damals erlebt hast, hat dich zu dem Menschen gemacht, der du heute bist.

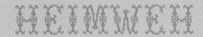

HEIMWEH

So schön es in der Ferne ist, so aufregend und neu, so gibt es doch immer wieder diese stillen Momente, in denen uns ein sehnsüchtiges Gefühl beschleicht – Heimweh. Voller Wehmut, aber zugleich voller Freude erinnert man sich in solchen Momenten an Dinge, die längst vergessen schienen, aber immer noch vertraut sind. Es sind oft Kleinigkeiten, wie knackige Brötchen oder Mutters Marmelade, von denen du nie gedacht hättest, dass du sie vermissen könntest. Doch dann merkst du, dass gerade sie ein großes Stück Heimat bedeuten.

Wen sehnsüchtiger Drang nach den Wundern der Fremde hinaustrieb, lernt in der Fremde – wie bald! – innigstes Heimatgefühl.

Emanuel Geibel

Wer aus seiner Heimat scheidet, ist sich selten bewusst, was er alles aufgibt. Er merkt es vielleicht erst dann, wenn die Erinnerung daran eine Freude seines späteren Lebens wird.

Gustav Freytag

ZU HAUSE

Die meisten Menschen nennen in ihrem Leben mehrere Orte
ihr Zuhause. Doch unser eigentliches Zuhause bleibt immer
das Elternhaus. Auch wenn die Zeit vieles verändert, uns liebe
Menschen genommen werden oder von vertrauten Häusern
und Plätzen nur noch Bilder da sind – dort, wo wir Kind waren,
bleiben wir ein Leben lang zu Hause. Dort ist unsere Heimat
und dorthin kehren wir immer wieder gern zurück.

TRADITION

Als junger Mensch will man von alten Werten nicht viel wissen, sondern ganz allein die Welt kennenlernen. Doch irgendwann ist der Zeitpunkt erreicht, an dem man einsieht, dass man dennoch viel von seiner Heimat in sich trägt. Das ist nicht das, was man in der Schule gelernt oder das, wozu einen die Eltern ermahnt haben, es ist vielmehr das, was du tagtäglich erlebt und mit all deinen Sinnen wahrgenommen hast. Die Heimat prägt uns und übermittelt einem jeden ihre Werte. Es liegt an dir, das Beste daraus zu machen.

Was einer wirklich besitzt, ist das, was in ihm steckt. Was um ihn herum ist, sollte nicht von Bedeutung sein.

Oscar Wilde

BODENHAFTUNG

Unsere Mutter Erde besitzt eine ungeheure Kraft. Egal, mit welchen
Mitteln wir in die Lüfte steigen, ob mit Ballons, Flugzeugen oder
Raumfähren, wir müssen immer wieder zu ihr zurück. Das liegt nicht
nur an ihrer physikalischen Anziehungskraft, sondern einfach auch
daran, dass sie unsere Heimat ist. So wie der Planet für die gesamte
Menschheit im Großen, so gibt es im Kleinen für einen jeden von uns
ein eigenes Fleckchen Erde, das uns magisch anzieht: deine Heimat
– der Ort, der dir hilft, niemals die Bodenhaftung zu verlieren.

Raum für alle hat die Erde.

Friedrich Schiller

Eine glückliche Erinnerung ist vielleicht
wahrer als das Glück.

Alfred de Musset

NOSTALGIE

Denken wir an unsere Heimat, dann kommen uns vor allem nostalgische Gedanken, Erinnerungen an all die guten und schönen Momente unserer Kindheit. Da ist der Geruch von Opas Holzofen, der Duft des Fliederbusches im Garten, da sind die knarrende Kellertreppe und die vielen Familientraditionen und wunderbaren Geschichten. Wenn man an die Heimat denkt, dann hat man eine heile Welt vor sich. Eine Welt, in die man sich immer dann zurückzieht, wenn man sich rundum wohlfühlen möchte.

ZUFRIEDENHEIT

Wenn ein Mensch das Licht der Welt erblickt, dann hat er noch nicht viel, aber er hat das Wichtigste: eine Familie und ein Zuhause. Hier wird der kleine Mensch gewärmt, genährt und geliebt, hier ist einfach alles, was dazu beiträgt, dass er zufrieden ist. Irgendwann öffnet sich dann das Tor zur Welt, und zur Zufriedenheit kommen andere Ziele wie Wissen, Erfolg und Abenteuer. Aber die Quelle der Zufriedenheit bleibt bei all den Turbulenzen des Lebens die gleiche, und deshalb wünscht sich auch ein jeder Mensch das Gleiche: eine Familie und ein Zuhause.

Dein Heim kann dir die Welt ersetzen, doch nie die Welt dein Heim.

Italienisches Sprichwort

Oh welcher Zauber liegt in
diesem kleinen Wort: daheim.

Emanuel Geibel

GLÜCK

Glück kann so vieles sein. Glück ist, einen Sechser im Lotto zu haben, Glück ist, im letzten Moment den Zug zu erwischen, Glück ist, ein verloren geglaubtes Erinnerungsstück wiederzufinden, Glück ist, ein unerwartetes Schnäppchen zu machen, Glück ist, den Winter ohne Schnupfen zu überstehen, Glück ist, sich mit anderen freuen zu können, und Glück ist auch, wenn man weiß, wohin man gehört.

EINFACHHEIT

Die einfachen sind oft die schönsten Dinge im Leben. Keine Meister-konditortorte kann es mit Omas Apfelkuchen aufnehmen, kein Frei-zeitpark ist so spannend wie der Wald am Ortsrand und kein Anblick ist herrlicher als die vertraute alte Linde auf dem Dorfplatz. Einfach-heit ist das, was wir mit der Heimat verbinden, nichts ist überflüssig, nichts übertrieben, alles konzentriert sich allein auf das Wesentliche und ist gerade deshalb so einzigartig. Es gibt immer wieder Situationen im Leben, in denen wir uns genau danach sehnen.

Wohl oft fand ich, was Aug' und Herz ergötzte, doch nie, was meine Heimat mir ersetzte.

Friedrich Martin von Bodenstedt

Zum fruchtbaren Leben gehört die Freude.

Friedrich von Bodelschwingh

LEBENSFREUDE

Selbst die kleinste Quelle kann, wenn sie unentwegt sprudelt, zu einem riesigen Fluss anschwellen. Und so ist es auch im Leben: All das, was wir sind und was wir anstreben, hat seinen Ursprung an dem Ort, den wir Heimat nennen. Ganz gleich, woher wir kommen, die Heimat bleibt für jeden ein unversiegbarer Quell der Lebensfreude, an ihr hängt unser Herz, und von hier aus erhalten wir alles, was wir brauchen, um froh, gestärkt und sicher unseren Weg zu finden.

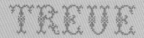

TREUE

Es gibt Orte, an die es uns immer wieder zieht. Orte, die uns Kraft, Ruhe, Schutz oder Inspiration spenden. Für manche ist es eine alte Eiche oder eine verfallene Waldkapelle, für andere der Schaukelstuhl der Urgroßmutter oder der kleine Bach am Wiesenrand. Fast jeder hat einen solch ganz eigenen Ort, mit dem ihm etwas Besonderes verbindet. Meist suchen wir ihn schon seit Ewigkeiten auf, sind ihm treu verbunden und erhalten diese Treue zurück, indem dieser Lieblingsplatz niemals seine wundersame Wirkung auf uns verliert.

Treue im Kleinsten macht Treue dir leicht im Größten.

Johann Caspar Lavater

SELBSTSUCHE

Viele Menschen stellen sich irgendwann in ihrem Leben die Frage: »Wer bin ich und woher komme ich?« Natürlich weiß ein jeder, wie er heißt, wo er geboren wurde und wer seine Eltern und Großeltern sind. Doch die Familie, deren Namen du trägst, ist älter, sehr viel älter, und auch sie, deine Ahnen, waren ein Teil von dir. Es ist eine faszinierende Form der Selbstfindung, sich auf die Spuren seiner persönlichen Vorfahren zu begeben und in ihre längst vergangene, aber dennoch sonderbar vertraute Welt zu reisen.

Ich kehre in mich selbst zurück und finde eine Welt.

Johann Wolfgang von Goethe

Wer dankbar jeden Sonnenstrahl genießt,
wird auch mit dem Schatten zu leben wissen.

Deutsches Sprichwort

OPTIMISMUS

Optimismus ist, wenn man frohen Mutes das Leben von seiner schönsten Seite sieht und immerzu versucht, das Beste daraus zu machen. Und von wo aus ließe sich das Leben von einer schöneren Seite betrachten als von dort, wo unser Herz zu Hause ist? Betrachte dein Zuhause wie ein Paradies, von dem aus du täglich aufs Neue schwungvoll in den Alltag springst, um am Abend glücklich zurückzukehren.

VERGANGENHEIT

Wenn man an seine Heimat denkt, dann kommen einem meist Erinnerungen aus der Vergangenheit, aus Kindheit und Jugend. Doch unsere Heimat gibt es auch in der Gegenwart und es wird sie noch in der Zukunft geben. Denn Heimat ist immer der Ort, an dem man sich wohlfühlt und nach dem man sich sehnt, wenn man eine Zeit lang von ihm fort ist. Und einen solchen Platz, ob es nun unsere erste, zweite oder dritte Heimat ist, hat ein jeder Mensch und wird ihn immer haben.

Der Mensch hat immer eine Heimat,
und wäre es nur der Ort, wo er gestern
war und heute nicht mehr ist.

Alexander von Villers

HEIMAT

Es gibt nicht vieles, was ewig bleibt, doch eines ist ganz gewiss für die Ewigkeit bestimmt: die Liebe. Die Menschen, die wir wahrhaft lieben, werden wir immer lieben, und auch die Orte, die einen Platz in unserem Herzen gefunden haben, werden diesen Platz unser Leben lang behalten. Jeder von uns mag unter seiner Heimat etwas anderes verstehen, aber eines verbindet dennoch alle: die ewige Liebe zu dem Ort, den sie ihre Heimat nennen.

Daheim, – daheim! Welch ein seliges Gefühl, – wie viel Wonne fasst es nicht in sich, dieses eine, dieses einzige Wort!

Johannes van Dewall

© 2008 arsEdition GmbH, München
Alle Rechte vorbehalten
Texte: Simone Bahmann
Fotos im Innenteil: Heinz Hirz
S. 5, 25, 27, 45: Annegret Schackmann
S. 33, 42: Miroslav Ptácek
S. 35, 47: Alke Schatz
Coverfoto: Annegret Schackmann
ISBN 978-3-7607-2628-1
Printed by Tien Wah Press

www. arsedition.de